강물을 비추는 달

이 도서의 국립중앙도서관 출판예정도서목록(CIP)은 서지정보유통지원시스템
홈페이지(http://seoji.nl.go.kr)와 국가자료공동목록시스템(http://www.nl.go.kr/kolisnet)에서
이용하실 수 있습니다. (CIP제어번호 : CIP2017005731)

강물을 비추는 달

초판 1쇄 발행 2017년 3월 27일

지은이 이원문 **펴낸이** 임정일
책임 임병천 **편집** 김지해, 김수경 **디자인** 이동헌

펴낸곳 책나무출판사
출판신고 2004년 4월 22일(제318-00034)

주소 서울시 영등포구 신길3동 325-70 3F
전화 02-338-1228 **팩스** 0505-866-8254
홈페이지 www.booktree.info

ISBN 978-89-6339-514-2 03810

이원문
제34집

강물을 비추는 달

이원문 지음

책나무

| 차례 |

제2부

제3부

제4부

제1부

여름 바람

부채에 그림은

춘삼월에 꽃피는데

이 늙은 몸 봄은

언제 올 것인가

산으로 들로

울타리에 부는 바람

툇마루 스쳐 가니

단풍에 봄이 온다

웃어 본 추억

공원 사원으로
나뉘었던 시절
70년대 전 지역에
수출 공장이 얼마나 많은가

저학력 공원으로
입사한 아가씨
목소리가 얼마나 예쁜지
외모 또한 미스코리아

어느 날 사원으로
생산라인을 떠났고
사원 가운 옷 입혀
교환을 보았다

전 직원의 인기 차지
관심 차지 양귀비꽃도
그렇게 안 예쁘다
그런데 어느 날 퇴사를 했다

전 여사원들의 시기 질투
등쌀에 못 견디고

눈총에 왕따 되어

그렇게 퇴사했다

그날을 찾아서

잃어버렸다 하기보다
흘러간 세월
다시 찾지 않는다 하면서
되돌아보아 진다

괴로웠던 일 힘들었던 일
혼자만이 삭혀야 할
말 못할 사연들
이 고통의 상처에
지금도 뼈저리다

즐거움은 찾기 어려워
그날에 묻어두고
그렇게 그렇게
흘러간 세월

이 짧은 세월이
왜 그리도 길었던지
사계절에 놓여 잊혀진 아픔
모두는 하룻밤 꿈
눈 이슬이 아니었나

이제 다 지나가고
못 잊을 시간들이기에
모두 모아 풀잎에 실린다
창가에 풀 잎새는
그날을 읽어주고

칠월의 낭만

제철에 뿌리고
심어 놓았으니
절기 따라 밤낮으로
무럭무럭 자란다

이 텃밭 저 들녘에
묻어온 세월

먼 그리움 봉숭아
손톱에 물들여지고
친정 뜨락 봉숭아
이 늙은 몸 기다린다

칠월의 불효

하~
그렇게 왔다
이렇게 가는 것이
인생이고 세월인데
형제에게 어떻게 하고
이웃에게 무어라 했니

낳아 기른 공 그만두고
냉수 달라 했더니
찬 냉수 주고 돌아서는 놈들
찾는 냉수에 목만 말랐겠니
낮도 길고 밤도 길구나

기침에 앓는 소리
망령이라 제쳐놓고
냄새 난다 싫어하니
구박도 괜찮다
이제 안 할테니
며칠만 참아다오

참외밭

책보자기 둘러메고 학교 가는 길
샛길로 가면 이슬에 채이고
큰길로 가자니 미운 놈 따라오고
이슬에 발 젖어도 샛길로 가야 하나
미운 놈이 싫어도 큰길로 가야 하나
문밖 나와 발 디디니 지각이 가까워온다

그래도 가야 하는 학교 가는 길
큰길로 뛰어가니 변또 반찬 흐르고
뒤돌아보니 미운 놈 따라온다
숙제 못한 죄에 미운 놈의 걱정으로
무거운 마음에 교문 안 들어서니
준비물 못 한 죄까지 더 근심이 된다
이제 남은 것은 선생님의 회초리

이리저리 다 때우고 나머지 공부까지
저녁 무렵 터덜터덜 샛길로 오는 길
누구네 밭일까 서너 고랑의 참외밭인데
노란 참외 여기저기 마음 유혹하고
허기는 따 먹자 몸을 떠민다

암탉이 알차지 않았으면

준비물을 사가지고 갔을 것이고
쇠풀에 심부름을 안 했으면
숙제도 해갔을 것인데
준비물에 숙제까지 미움 받은 죄이것만
집에서는 모르고 놀다 왔다 혼낸다
나머지 참외 서리는 지금도 걱정되고……

작은사랑

그리움도 아니고
기다림도 아니다
그저 먼 옛날이기에
스쳐 가는 것뿐인데
훗날이 된 오늘
살며시 떠오른다

밀려온 파도 골라
백사장에 묻어놓고
주워 모은 조개껍데기
바위에 올리던 날
우리 둘이 눈 맞추며
무어라 했지

흐려진 기억에
괜스레 부끄럽고
이름 끝자 모습도
그 노을에 덮인다

추억의 수박

그 많은 수박이 눈에 밟힌다
겉으로 쏙 들여다보던 날
눈으로 보고 손으로 두드리고
싱싱함은 꼭지에 꼭 숨어 모른다

날카로운 소리는 안 익은 것이고
무뎌진 소리는 잘 익은 것이다
더 무뎌진 소리는 농익은 것이고
꼭지는 구부러져 싱싱할수록 싱싱하다

맛은 큰 것보다 작은 것이 더 맛있고
못생긴 것일수록 더 맛있다
줄무늬 선명해야 하고
꼭지 반대 밑부분이 약간 들어가야 한다

이승 일기

풀 이파리의 이슬
지난밤이 아쉽구나
한번 왔다 가는 것이
어디 사람뿐이겠는가
눈으로 보고 읽는 세상
들리는 소리는
까마귀 짖는 것만 못하고
어둠과 밝음마저
감은 눈만 못 하구나
흐르는 구름에 꿈 묻던 날
웃음 잃고 나니 빗줄기 되어
그 한숨에 내려놓은 세상
다 부질없음인데
무엇을 바라보고 여기에 왔나
뒷걸음질에도 못 찾아가는 시간
저 피는 꽃 우는 새는
좋아서 피고 울었겠나
강물에 모은 세월
바람 소리에 귀 기울여지고
귀 기우려도 그 소리 안 들리듯
달 속을 뒤져도 그날이 없구나
나올 때 함께 웃던 이웃 떠나고

이제 갈 때 혼자되니

저 달도 그날 숨겨 서산으로 지는구나

여름 냇둑

여름 냇둑에는 볼 것이 많다
장맛비에 굽어 흐르는 물
봇물에 고기 많아 고기 구경하고
물놀이에 싸움박질
아이들 싸움에 넋이 나간다

빨래터 싸움에
이웃 아줌니 싸움 구경
귀중품 잃었다 의심 아줌니 의심 구경
빨래터 아래 혼자 빨래하는 아줌니
사연의 빨래 많아 외따로 혼자 한다

그다음 밤이면 볼 것이 또 있다
굽어진 곳 바위 아래 깨끗한 돌 많은 곳
별도 내려보고 반달도 내려보고
숨어 보는 이 누가 있나
새아기 목욕에 들키면 큰일날일
모기가 뜯어도 진땀에 몸 굳는다

타향의 노을

고향의 하루는 몸이 힘들고
타향의 열흘은 마음이 힘들다
쥔 것 없어 떠난 고향 타향인들 모아질까
힘들어도 고향은 쉬는 날에 노는 날
눈비에 며칠씩 쉴 수 있고 놀 수 있었는데
타향의 시간은 밤잠도 안 재운다

안 재워도 모아지면 찾아갈 고향
힘들 때면 그래도 고향이 나을 것을
마음 힘든 타향살이 고향이 그립다
얼마를 일을 해야 고향 찾아갈까
이리 떼고 저리 떼고 술잔에 빼앗기고
모아지면 바뀔 고향 눈물에 섞는다

여름 아기

문간 바람 부채질에
엄마 꿈꾸고
부채질 엄마
아기 모습 바라본다

품 안에 보던 모습
옹알이로 주는 말
어느새 엄마 눈에
사랑의 눈물인가

토닥토닥 엄마 사랑
매미 울음 부르고
아가의 꿈 엄마 따라
은하수 길 걷는다

여고 교실

양귀비 밭
꿈 많은 소녀들
아니 학생들
옛날로 돌아가
그 시절을 살펴본다
총각 선생님 얼굴 붉히던 날

일등에서 꼴찌까지
성적순 따라 할 말은 다 있다
점잖은 고양이 구미호의 달
곰에 밟힌 미꾸라지
그물 치면 무엇하나
피라미는 이미 그 그물을 빠졌는데

화양동 계곡

몇 년 전인지 가물거리는 기억으로
화양동 계곡을 찾아간다
그때 나이 스무 살이었고
갇혀진 생활에 멋처럼 자유를 찾은 시간
빌려온 카세트 배낭 텐트 버너
몇 푼 벌어 처음 밖을 나오는 기쁨과 설레임
처음은 못 잊는 것인가 지금도 못 잊는다
셋 친구와 나까지 넷이었는데
찾아간 곳이 화양동 계곡이었다
자리 잡아 둑 만들고 텐트 치고 앉아있으려니
다른 팀이 찾아왔다

여자끼리 찾은 다섯 명의 피서객인데
나이도 우리 팀과 고만고만 비슷한 것 같다
짓궂은 친구가 통사정하여 옆자리 잡았고
나머지 우리들은 봉사 희생 있는 배려 없는 배려
다 보이고 장까지 보아왔다
용돈도 조금인데 불안하면서까지 보아왔다
서투른 텐트 치는 실력으로 잘 치는 것처럼 보이고
비품도 들어다 정리정돈 해주었다
웬 비품이 그리도 많은지 배는 고파죽겠고
금세 친해진 두 팀의 만남

불량배 방어의 안보 실력도 보였다

그렇게 그렇게 흘러가는 시간
평생 못 잊을 자유이자 밖의 생활이 아니었나
그런데 못 잊을 또 한 가지가 있다
그 여자들 손에 얻어먹는 밥반찬 찌게 국물
과연 엄마가 해준 것보다 더 맛이 있었을까
이것이 만남이고 남녀의 징검다리가 아닌가
밤새워 노래 부르고 기타치고
계곡물에 발 담그며 이야기 나누고
좋아한다는 감정은 마음 깊이 숨겨 놓았다
다음에 연락하고 만나자는 약속들
그 약속은 꽃 편지지 꽃봉투 몇 번으로 문장 실력만 늘었다

밥보

코흘리개 밥보

보릿고개 넘어서는

그 시절의 아픔인가

허기진 배 못 채울까

더 먹을 욕심인가

식구 밥 덜 고도

찬합 끌어안고

다 먹을 것처럼 울다

끝내 매 맞는다

외출복

이것을 살까
저것을 사야 하나
사긴 샀는데
안 맞는 것 같고

색깔은 마음과
자신이 싸운다
거울 앞에 서면
거울이 맞춰줄까

거울은 옷커녕
나이 모습 물어보고
신발도 비춰주며
때 찾아라 일러준다

여름 안개

저 안개 걷히면
얼마나 뜨거울까
안팎으로 할 일은 많은데
대낮에는 뜨거워
들에 나서기 힘든 엄마
텃밭 풀 뽑으며
아이들 생각하니

이 더위에 아이들
더위 먹을까 걱정된다
시골이 싫다고 도회지 간 아이들
다니는 공장은 잘 다니고 있는지
돈 벌어 시집간다 짐 꾸린 두 놈들
저금은 얼마나 했나
요즘 소식을 딱 끊는구나

이것들 사는 셋방도
밤낮으로 더울 것인데
선풍기나 사 놓고 부치고 사는지
잘 먹여 입히지도 못한 아이들
글 짧아 월급 또한 적을 텐데
오늘은 어떻게 사나

찾아가 들여다볼까

김치 한 통 담아 오이 가지 고추 몇 개씩 따서
뜯은 아욱에 끼워 넣고 가는 엄마
안개 걷히기 전 부지런히 서두르는 엄마
아이들 찾아가는 기쁨에
문간 개밥 잃어버리고
차 안에서 생각나 깜짝 놀란다

억새풀

찾는 이 없어도

꽃 피우기 위해

가을을 기다리며

참아야 했다

외로운 석양

하늘과 같은 마음

인생의 그 무엇과

무엇이 다를까

무엇이 좋고 슬퍼

울고 웃었고

마지막이란

이런 것인데

비행 흔적

비벼지는 세상처럼
시끄러운 소리
낮이 뜬 것 보면
커다랗게 보이는데
높이 떠 멀어지면
종잇조각 뜬 것 같다

더 높이 떠 멀어지며
줄 긋는 비행기
가는 줄 부풀려
굵은 줄로 이어지고
그 굵은 줄 흩어져
흔적이 없어진다

산 넘어간 저 비행기
어디로 가나
누구의 흔적이 지워지는 걸까
소리도 안 들리고 흔적도 없고
그 자리의 허공 구름이 메운다

제2부

호기심 인생

살아 보셨지요

또 살으시겠지요

몇 살을 살았든

몇 살을 더 살든

지나보니 어떻던가요

앞으로는 어떻고요

나름이겠지 만은요

그 나름에 만족했나요

아들아

아들아
이제 철 들었니
세상 살아보니 어떻든
너의 며칠이 다가 아닌
그것이 인생이란다
그보다 더한 시간이 될 수도 있고
이제 짝 지어주면 되겠니

중천의 해 기우는 줄 모르고
너의 눈으로 본 에비는
그렇게 살아왔어
그림자 길어지는 줄 모르고
주머니의 것도 새어나가
너의 주머니로 흘러 들어가는 구나
입에 넣고 싶은 것도 못 넣으면서

아들아 다 접어두고 너를 바라보는 에비
이제 해 기울어 석양이 되는구나
그래도 모자란다면 너에게 미안하고
겉으로는 안 그런 척 외로움이 앞서는데
그 마음 이 에비도 모르겠어
더 모을 힘 남은 시간도 짧게만 느껴지고

너에게 무엇을 어떻게 더 해줘야 할지 모르겠구나……

옥수수 찌는 날

우리 할머니는 나를
자꾸만 귀찮게 하신다
옥수수 따 오라해서 따 왔더니
너무 여문 것 따왔다 야단하시고
껍질 벗겨 놓으라 하여
껍질 벗겨 놓았더니 솔이 붙었다
또 야단치신다
아이들은 놀자 밖에서 부르는데

그리고

옥수수 솥에 불 때라하여
보릿짚으로 불을 때며 솥을 열어 보았더니
안 익는다 더 야단치신다
감자는 젓가락으로 찔러 보았더니
아직 덜 익었고
산에 가서 싸리 꼬챙이까지 해오라 하여
근심에 싸리 가장이 꺾어 왔더니
옥수수부터 빨리 먹으라 하시며
예쁘게 다듬으신다

밤기차

잠깐 잠에 깨어
잠 안 오는 밤
자정 넘은 시곗바늘
멈춰지는 밤

오르는 소리인 듯
내려가는 소리인가
한두 번 기적 소리
멀어져가고

그때 그 간이역
열차 보낸 여인
앞 못 본 뒷모습
여운을 남긴다

미운 일생

순간 스친 일 초는
눈 안에 들어 있고
백 년의 긴 세월은
한숨에 들어있다

그 백 년을 못 채우고
떠나야 하는 인생
눈 안에 일 초도
한숨 안의 백 년도

하룻밤 꿈 그림 그려
그렇게 떠난다
그렇게 지우며
그렇게 떠난다

둥지법

우물물이 깨끗하다

바닥도 깨끗할까요

두레박에 추 매달았다

그 줄 생각해 보셨나요

가뭄에 퍼 올리는

그 나라 둥지 법

그 나라 미래가

걱정됩니다

(2014.7.17)

속앓이

혼자만이 앓아야 할
마음에 병을 얻어
술잔에 기대며
일터에 의지한다

뜨거운 콧바람에
긴 한숨의 열기
그 열기 갈수록
더 뜨거워지고

얻은 병 치료하려
입 벙긋하자니
어느 한 인생이
일생으로 끝난다

여름 꽃

봄꽃은 나무에서
예쁘게 피었는데
여름 꽃은 풀숲에서
관심 없이 피어난다

이름도 모르겠고
눈길도 안 가고
풀숲에 가려
천하게 피어난다

그저 함께 모아
들꽃이라 할까
언덕배기에 모인 꽃
먼 훗날 기다린다

누룩의 밤

늦은 밤 뒤척이며
무엇인가 생각이 깊으신 할머니
궤짝 안 베 보자기 꺼내시더니
아침 일찍 광에 걸린
쳇바퀴 꺼내신다
절구통도 닦아 엎어 놓으시고

밀 방아 찧다 내린
서너 됫박의 밀
항아리에서 꺼내어
다시 찧으시는 할머니
함지에 넣고 한참을 버무리신다
이제 준비는 다 되었고

쳇바퀴에 넣어 한참을 밟으시는 할머니
틀에서 꺼내어 아랫목에 띄우니
할머니의 꿈은 뜬 만큼 이루어진다
이 누룩으로 올 한해 큰일 치를 할머니
술 항아리에 세월도 넣는다
손주 놈 시집 장가에 큰아이 환갑날도 짚으신다

여름 삶

삶에 지치고
더위에 지쳤다
추우면 추운 대로
더우면 더운 대로
큰 욕심도 아니건만
무더위에 시달린다

빠르다는 시간이
더 늦는 것 같은 마음
식욕도 떨어져 힘이 없다
그래도 겨울보다 낫다는 여름
찬물 끼얹어 더운 몸 식히니
문바람에 스르르 잠이 온다

고추잠자리의 고향

고향 마당의 노을
댑싸리 초록 빛나고
머리 위 고추잠자리 떼
이리저리 맴돈다

저녁 제비 높이 뜬 노을 진 마당
멍석 위 언니들 손 놀이에 즐겁고
검둥개 같이 놀자
막내 괴춤에 뛰어오른다

휴가 계획

얽매인 시간 벗어나
자유를 찾는 시간
며칠의 자유를
어떻게 누리나

계곡을 찾아갈까
그 바다를 찾을까
설레임의 계획
하루 더 짧아지고

보내야 할 휴가
마음부터 쓸쓸하다
고향도 한 번쯤
둘러보고 싶고

매미의 계절

원두막에 들려오는
아랫마을 매미 소리
옥수수밭에 숨어
이웃 누나 기다린다

추려 온 보릿짚
어느 것이 좋을까
약속의 여치 집에
여치만 넣어줄까

원두막 기다림
저물어 가고
여치의 그리움
노을빛에 젖는다

다시 읽는 그리움

잊은 줄 알았는데
찾아온 그리움
그날을 모두 모아
구름 위에 올린다

기다림에 지쳐야 했던 날
뉘우침의 사랑에
얼마나 힘들었나
너무 괴로워 후회도 했었고

그래도 보낸 후회
후회하지 않았다
그날의 미련도
버리지 못했고

할머니의 꿈

지붕 위 박이 몇 개나 열었나
텃밭 농사보다
더 소중한 할머니
궤짝 안 베 쌈지에
겨우 내내 아끼시던 씨앗
지붕 위로 뒷간 지붕으로
여기저기 심어 올리고
말복 끝 찬바람 가을을 기다린다

우물 둥치에 쓰일 박
부엌에 쓰일 박
텃밭 씨앗 담을 박
막걸리 거를 박
마지막 저승길에 놓일 박
잠 안 오는 할머니의 달 밝은 밤
지붕 위 올려보며 꿈 묻으신다

맹꽁이의 세월

텃논 맹꽁이 울음

그 세월 읽고

청개구리 밤새워

그 시간을 읽는다

들리는 울음마다

떠올리는 시간들

보슬비에 낙숫물은

무엇을 패어냈나

바보의 미련

손으로 꼽아보는
흘러간 옛날
빛바랜 사진으로
그날을 찾는다

모습은 없어도
잊혀지지 않는 날
정 하나에 매달려
가슴으로 울어본다

효도의 불효

한 번 왔다 가는 것이란 그런 것인데
생전에 못다 한 효도를 어떻게 할까
누구든 부모님 마지막 가시는 길에
베옷을 입혀 드리는데 순 삼베냐
아니면 나일론 섞인 베옷이냐
부족한 자식의 마음 다시 불효가 되지 않겠는지요
그럴 필요 없습니다
불효가 아닌 효도가 되는 길입니다
지금은 모신 부모의 묘가 얼마 안 가서
개발이다 도로 낸다하여 이장하는 수가 많습니다
이장 할 때 순 베옷 입혀 드린 부모는
뼈가 흩어져 잃어버리고 이장을 하는데
나일론 섞인(수의) 베옷 입은 부모는
뼈 하나 남김없이 모두 찾아 이장 할 수 있습니다
부모 뼈 못 찾아 드리고 잃고 이장을 한다면
못 박히는 그 자식의 마음이 어떻겠습니까

(아홉 구의 시신을 꺼내며……)

구름을 바라보며

구름과 날짜는
무엇이 다를까
인생과 강물은
무엇이 다르고

피는 꽃에 앉은 이슬은
하룻밤 꿈이요
지는 꽃에 맺힌 씨앗은
무덤의 꽃이로다

방아깨비의 꿈

방아깨비 꼬리에

꽃 달아 날리던 날

좋아했던 아이와

함께 달아주었고

아침 방아에 찧은 꿈

저녁노을에 묻었다

제3부

여름 저녁

뜨거운 들녘 식어 갈 무렵
석양에 시원한 바람
매미 울음 드높고
노을 맞이 젓던 제비
집으로 찾아든다

마당 멍석 위
둘러앉은 식구들
엄마 찾는 막둥이
무엇이 저리 배고플까
눈 돌려본 부엌 솥뚜껑 소리 들린다

8월

느낌으로 오고 가는
반년의 계절
매미 울음 끝자락에
귀뚜라미 울면
황금 들녘 허수아비
참새 떼 쫓고
아이들은 메뚜기 따라
들녘을 달리겠지

덥다는 계절이
며칠이나 남았나
문 닫는 밤 돌아오면
부채 접어 내려놓고
보름달 외기러기
달빛에 멀어지면
둥근달 속 계수나무
그리움 매달겠지

8.15(69주년)

기미년 3.1
8.15 흙 다시 만져 보던 날
69년의 6의 숫자가
서로 꼬리 물며
싸우고 있습니다
꼬리가 싫어 그러는지
머리가 되려 그러는지
나라 안팎 사건 사고
모두를 뒤로하고 싸움만 합니다
일본 놈 일어나 총칼 든 줄 모르고
역사를 잃어가며 싸우고 있습니다
형제의 총칼도 못 보고 싸웁니다
어렵다는 나라 살림 미래는 있는지
이유도 원인도 모르고 싸웁니다
빚잔치로 먹고살며 이웃만 믿는 나라
6과 9는 흙 다시 만져 보았는지……

정 찾아가는 길

끊긴 소식 기다려 온 지
꽤 오래된 것 같은데
몇 개월이 몇 년 같아
그곳을 찾아간다
주소도 모르겠고
산다하는 것만 알고
찾아가는 길

정이란 이런 건가
끊겨도 긴 정
질기고 질기다
찾아가는 하늘에
뭉게구름 떠 있고
새 쫓는 허수아비
눈에서 멀어진다

들녘에 보이는 미련의 기억들
울고 웃던 날의 아픔인가
잘못 없는 뉘우침에
못 잊을 사랑인가
못 받아준 투정의 후회
못 만남을 알면서

그곳을 찾아간다

여름 여행

설레임의 즐거움
문밖 나서니 갈 곳 없고
홀로의 여행 자신이 없다
다시 들어와 배낭을 푸를까
아니면 그냥 어디론가 떠날까
추억에 젖어 몇 번 찾은 자리
이제 그곳도 찾아가기 싫어지고
찌든 삶에 추억도 세월에 덮여간다

그래도 이름 남겨둘 여름 여행
걱정도 아니고 근심도 아닌 마음
쓸쓸히 즐거운 척 밖을 나선다
어느 차에 몸 싣고 어디로 갈까
사람마다 웃음꽃 즐거운 마음들
청춘의 옷차림에 옛 생각이 절로 난다
나도 옛날에 저랬었는데

완도

저 넓은 바다
하늘 끝닿은 듯
이 마음보다
더 넓어라

엄마 섬 아기 섬
구름 쉬었다
머무는 곳

다시 와 완도에
머물고 싶어라
이는 파도에
묻히고 싶어라

항구의 꽃

피는 꽃 계절 없고

지는 꽃 계절 있다

고향 없는 벌 나비는

계절이 있는지

텃밭 떠나 피는 꽃에

찾아드는 벌 나비

꽃잎에 앉은 이슬

마를 새 없어라

바위섬의 여름

들어오고 나가는 물이
몇 번이었나
들어난 갯벌에
천 년이 보이고
들어온 밀물에
만년이 보인다

꼭대기의 갈매기
그 세월을 아는지
멀리 보며 갸우뚱
내려 보며 갸우뚱
높이 떠 맴돌며
떠나지 못하고

철썩이는 파도
그 시간 읽어주듯
깎아내리며
무엇을 보았나
물거품 다시 뿜어
바위에 뿌린다

두고 간 미소

계절에 찾아드는 새들도 많건만
어찌 그다지 소식이 없는지
그리워 불러도 대답이 없고
외로워 기다려도 찾지를 않으니
계절을 잊은 것인지
아니면 인연을 잃은 것인지
때 되면 무엇이든 다 오고 가는 법인데
정 끊었다 그렇게 모질 수가 있나
때에 다른 곳을 찾았다 해도
그 곳도 세월 앞에는 여기와 매한가지
몰리는 시간 앞에 무슨 소용이 있겠나
고목나무도 와 앉던 새가 찾고
놀던 물고기도 저 놀던 물을 찾아간다는 것인데
아직 청춘이다 내일도 그 세월인 줄 아는 것인지
독한 당신 언제 오긴 올 것 같은데 언제 오나
사람은 다른 것과 달라 다르고 말고
성한 몸에 움직여 도와주니 받아 주겠지
젊음에 짝지어 살아도 그렇고
머리맡에 약병 놓고 사흘만 누워봐라
산 귀신이 왜 누웠나 눈치부터 다를 것이니
그래도 그곳이 좋다더냐
사람이란 그런 것이니 그것을 왜 모르나

흠이 있어 욕이 되고 성치 못하니 구박인데
그 잠깐을 못 참고 집 나갔단 말이냐
세상은 머무를 수가 없어 무엇이든 가야 돼
당신이 온 것처럼 또 가야 돼
아직 늦지 않았으니 왔으면 좋으련만
좀 더 늦으면 여기도 잃고 거기도 잃어
그러면 어떻게 할 것이야 어디로 갈 것이고
지금 당신 마음은 안 그럴 것 같지
세월이 그렇게 만들어 운명도 그렇고
오늘이라도 들어오면 내가 덮어주고
덮어 갈 것이니 어서 들어오면 좋을 것인데
당신의 그 미소 띄워주고 고생도 버리고
아이들도 다 컸어 엄마 기다리고 있어
눈치로 안 키웠으니 보람도 있잖아
어머니도 그 작년에 당신 기다리다
병 얻어 돌아가셨어
이제 남은 당신과 나 다 용서하고
옛날처럼 아니 처음 그때처럼 그렇게 살자고
동네 부끄러우면 이사도 갈 것이니
인제 그만 들어와 어디에 있는지
먼발치서 보고 있지 않았는지
당신이 좋아하는 목걸이 반지 그리고

그 구두도 신던 신발 길이로 재다 사 놓았어
가자하던 그곳에 놀러 가자 꼭 갈게
못난 나 용서하고 어서 들어와
아이들도 보고 싶데
기다릴 테니 들어와……

바다의 고독

멀리 바라보면
바다에 외롭고
찾아가 둘러보면
바람에 외롭다

외로워 찾은 섬
누가 나를 보냈나
흔적 없는 모래 뭍
파도에 쓸리고

이 바위섬 갈매기
앉을 듯 맴돈다

강아지풀의 노을

씨앗도 많다
저 가냘픈 이파리에
바늘 목으로 버텨야 하는 날
하늘 높이 고개 숙여
바람에 시달리고

뜨거운 날에 가뭄도
무엇을 얻으려
저리도 목마르게
견뎌내야 했나

시간의 약속인가
씨앗의 내일인가
멎지 않는 바람 다시 흔들고
매달린 씨앗
세월을 젓는다

세월의 끝자락

피는 꽃에 앉지 못하고
떠나야 했다
때맞춤은 맞는데
세월이 모자란다

같은 봄 같은 여름
길고 짧은 다른 세월
앉자 하니 가을이고
떠나자니 아쉽다

끝자락에 놓인 세월
어느 꽃을 바라볼까
부르고 찾아도
돌아서야 했다

말(馬)의 여름

덥기도 덥다
흐르는 땀을 어찌할까
그래도 뛰어야 하는 너희들
기계 다음으로 필요한 너희들

하루 밥값(45,000원)에
채찍 무서워 뛰어야 하는 너희들
병나면 병원실로
병 안 나면 안락사로

부상이면 화장터로
나으면 놀이 공원으로
잘 뛰는 놈 시집 장가에
휴양지 꿈에 즐겁다

먹는 물(50~60리터)의 (24)시간
속도는 (1000미터)을 (1분) 정도에
뛰어야 휴양지 꿈 이루어진다
말 안 들어 거세한 놈은 희망 사항이고

버릇없고 능력 없어
교육장으로 팔리는 놈들

눈치는 빨라 먹는 것은 그리도 잘 아는지
꾀부리며 잔머리로 엄살하는 놈들

*(말은 주인을 모릅니다)

가을맞이

계절은 아직
무더운 여름인데
찾아드는 매미 소리
가을 문 두드린다

기울어진 원두막
누가 와 앉아 있나
드나들던 길
잡초에 덮이고

참외밭 참외 넝쿨
병들어 시들어간다
주인 잃고 드러난
퍼런 참외 병든 참외

벼꽃 피는 파란들
뜸북새의 고향인가
허수아비 하나둘
귀뚜라미 부른다

가을 약속

기다림도 아니고
그리움도 아니다
불러 보고 싶어도
불러 볼 이름 없고
상상의 뒷모습만
눈에서 멀어진다

못 찾은 인연이
다가오다 돌아섰나
잡아 줄 첫사랑이
지은 이름 남겨주나
코스모스 길 따라
그 얼굴 그려본다

태풍 중심부(나크리)

태풍 북상 할 무렵
남부 지방을 찾았다
사연 따라 태풍 따라
쓸쓸히 내려갔다
천리 길 완도 섬
멀기도 멀었고
차 창밖 경치에
많은 것을 배웠다
노을에 마음 던져
사연도 묻었고
전망대에 오르니
크고 작은 섬들이
옛 생각을 떠올렸다
이틀 밤 묵던 날
제주 떠난(나크리)
완도항 도착하여
뒤집고 엎는데
나가서 체험하니
이것이 태풍인가
나를 넘어뜨리더니
바닥 훑어 올리고
비도 내리는 것이 아니라

후려쳐 때리는 것이었다
바람도 한 곳으로 부는 것이 아니고
빙빙 돌리며 휘감아 불었다
선착장에 닿은 배는
작은 것은 크레인으로
선창 위에 올려놓고
큰 배는 배끼리 묶어 놓았다
서 있을 수 없는 바람
파도도 훑어 비에 섞어 뿌렸다
비에 젖고 눈물에 젖은 나
잔 아닌 컵으로 술 가득 사연 가득
마시는 컵 안의 술에는
작은 파도만이 사연을 휩쓸었다

가을 하늘

하늘 높이 올려보면
구름 아래 구름 가고
드러난 파란 하늘
새털구름 흩어진다
나 어릴 적 하늘도
저랬었는데

지금도 그 하늘
새털구름 흩어질까
함께 놀던 동무
하나둘 흐려지고
학교 길 코스모스
바람에 한들 된다

까치 짖던 날

문밖 내다보면
아무도 없고
닫고 들어오면
누가 올 것 같은 마음
짖어대는 까치
누구를 가르칠까

지은 빚에 빚쟁이가 오려나
아니면 산달에 막내가 오려나
겨우 보낸 그것도 몸이 안 좋은데
반갑지 않은 까치 울음
그칠 줄 모르는구나
누가 오길래 저리 짖어대나

봉숭아의 광복

흩어진 우리 민족
섞이고 섞인 민족
무엇이 흩어놓고
섞어 놓았나

엎드린 우리 민족
입으로만 애국이고
때 지나면 돌아서서
빛으로 사는 나라

일본 놈 일어나니
무엇으로 막을까
이번에 발 잡히면
다 빼앗고 씨 말린다

가을꽃

하늘 높이 구름 높고
길가에 코스모스
바람에 한들 된다
그 돌담 돌아서면
담 높이 노란 꽃

누구의 집 돼지 꽃송이가
저리도 예쁠까
첫서리 내릴 무렵이면
길 언덕 푸서리에
들국화도 피겠지

제4부

아쉬운 여름

하루이틀사이
슬며시 온 가을
어느덧 밤이면
문 닫게 되고
귀뚜라미 울음도
여기저기서 들린다
그래도 한낮에
무더워 찾은 그늘
그 그늘에 있으니
시원하기는 한데
시원함 속에 냉기가 있다
다른 것은 이미 눈치챈 채
계절 접은 지 오래된 듯
열리고 매달리고 영글리고
녹두는 더 오래전
씨앗을 터트렸다
사람만이 이제야
가을을 느낀다

2014.8.15

태극기를 바라보면 눈물이 납니다

어찌 역사를 잊고 산단 말입니까

가난에 허덕이며 식민지에 빼앗기고

벗어나 갈라져 형제 싸움에 흘린 피

이제 무엇을 흘리고 더 빼앗겨야 한단 말입니까

이대로는 안됩니다

아직 늦지 않았습니다

아직 저물지 않았습니다

내 것도 네 것도 조상의 것도

다 그들의 것이 될 수 있습니다

이대로는 안됩니다

안됩니다

맨드라미의 꿈

난초 꿈 접고
한 시절 잃을 때
맨드라미 꽃송이
누구를 기다리나
열일곱의 꿈이
담 못 넘어 찾아올까

백발의 소녀가
저녁 무렵 찾을까
고요한 장독대
담 그늘 드리우고
맨드라미 밤사이
이슬에 젖는다

삶의 지혜

어느 인생이 어떻게 살았나
무엇이 꿈이고 목적이 무엇인가
많은 꿈 중 돈이라면
사람을 얻어야 한다
처지를 바꿔놓고
배려하면 된다
진실된 진실을 사랑으로 보인다
그러면 돈도 사람도 함께 얻을 수 있다
돈만 얻으려 하면 새어나가는 법
적은 돈은 주먹에서 새고
큰돈은 욕심에서 샌다
돈은 잠시 머물다 가는 것이기에
잃어도 사람만큼은 얻어야 한다
그렇지 않으면 모두를 잃는다

가을 노래

허수아비 누운 들
벼 이삭 주울 때
메뚜기 고향 잃고
볏단에 숨는다

등에 업힌 메뚜기
어느 들을 찾아야 하나

앞산 뒷산 오색 단풍
가을 노래 부르고
이삭 줍던 아이들
집으로 돌아간다

제비의 가을

한낮의 서늘함
밤에는 춥다
찾아온 봄은
여름이 있었는데
보낸 여름 가을에는
추울 겨울이 두렵다

정든 둥지 어떻게 하나
가는 곳도 가는 것도
계절이 쫓고 시간이 몬다
떠나면 이 자리를
다시 찾을 수 있을까
높이 떠 내려보니
그 파란 들이 아니다

가을비

하늘 무연히
머릿결 젖어들고
바람 한번 불면
뺨에 묻어 흐른다

그저 걷고 싶은 마음
내 갈 곳 어디인가
딛고 돌아보니
이 길이 아니다

망설임에 찾아도
갈 곳이 없고
부슬부슬 내리는 비
언제 멈춰질까

멜로디의 밤

좁아진 세상인가
못 모을 인생인가
고된 삶에 일손 놓고
자리에 누우니
눈은 감기는데
마음이 잠 못 든다
입은 잠들자
연속 하품이고

이불 끌어모으니
발끝에 벗겨진다
낮춘 베게 올려도
마음은 그대로고
자정이 넘어도
잠 못 드는 밤
뜬 귀에 귀뚜라미 소리
새벽을 알린다

가을 천둥

우리 그렇게 살았습니다
우리 부모님들 그렇게
고생하셨습니다
초가집 지붕 시절
그때를 아십니까
짧은 추녀 끝으로
멍석 드려놓던 시절

마당 끝 저 아랫녘
먹구름 몰려올 때
번개 번쩍 천둥소리
가까이 들려오니
늘어놓은 가을걷이에
타작 멍석 널어놓고
비 맞히면 어떻게 하나
걱정하던 시절

벼 비 맞히면 싹이나
싸라기가 되고
콩 비 맞으면 쪼개지니
씨앗이 안 된다
널어놓은 고추 썩어 들어가고

건조할 방법이 없던 시절
비닐도 없었다

할머니는 장독대로
아버지는 논으로
엄마는 마당으로
큰형은 매어놓은 소 끌러
누나는 빨래 걷으러
마루 끝 막내는 울음으로
이리 뛰고 저리 뛰고
번개 불에 바빴다

외로운 가을

빼앗긴 마음인가
뭉게구름 흩어져
하늘 높이 오르고
불어오는 바람
옷깃을 여며준다

길거리의 가을꽃
언덕배기에 들국화
피기는 아직 멀었는데
코스모스 바람결에
그리움 부른다

자식 앞에서

너희들 내 씨가 맞니
너는 내 아들이고
그리고 너는 내 딸이고
건강하게 자라 고맙구나
옳은 길을 걸어 더욱더 고맙고
언제 이렇게 자랐니

너희들 얻을 때
낳은 기억뿐 그 나머지
기를 때에는 생각이 안 나
어떻게 키웠는지
일터 때문이라고
변명해도 되겠니

그다음 어디 낯선 곳 찾아
사진 한 장 제대로 남긴 것 없고
아무튼 여러모로 미안하구나
너희 나이를 가리키는 시간마저
잃고 이렇게 바라보는 에비
아들아 딸아 용서해라

별을 따는 마음

저 하늘의 수많은 별

어느 것이 내 별인가

먼 별 가까운 별

머리 위에 은하수

둘러보는 밤하늘

그리움 가득하다

뜨락의 가을

한낮의 매미 소리

밤에는 귀뚜라미

여름을 보낸 가을

살며시 찾아온다

가을 문턱의 매미 울음

떠날 수 없는 여름인가

귀뚜라미 밤 사이

뜨락으로 모여든다

버려진 시간

여보세요
당신은 시간을
어떻게 생각하십니까
혹시 버린 적이 있으신지요
버렸다면 어느 시간을 버리셨습니까

나는 얻었습니다
당신이 버렸다면
버린 그만큼 얻었습니다
당신도 버린 것이 아니라
얻었을 것입니다

인생 기후

길다면 길고
짧다면 짧은 세월
조용히 돌아본 시간
다 어디로 흘러갔나

흐린 날에 궂은 날
맑은 날은 며칠이었고
여름도 추웠다
눈 쌓인 겨울은 어떻겠었나

봄날 그 잠깐의 꽃
가을날에 떨어지는
낙엽 바라보던 날
우산 없는 내일도 그날이 될 것인가

사랑 판매

사랑 사이소
사랑 사이소
내 사랑 팝니다
사랑 팝니다

그런 사랑 말고
이런 사랑 팝니다
평생을 나 하나로
사랑 하나 지켜줄 사랑

그런 사람에게
이 사랑을 팝니다
양귀비는 아니어도
후회 없을 사랑 팝니다

교차로 계절

더워 벗으니 겨울은 아닌데
벼 고개 숙는 가을 문턱
모르는 계절이 오고 간다
새벽녘 산속에 소쩍새 울고
무더운 한낮 매미 소리 들리니
여름도 아니고 가을도 아니고
우는 소쩍새는 어느 계절을 가리키나

뚜렷했던 옛 계절에는
그곳에 맞춰 낭만도 있었고
나름대로 그 추억도 눈앞을 스친다
지금은 계절이 시간을 모르나
여름날 피어난 코스모스 개나리
알 품어 새끼 치던 봄날의 제비들
계절을 못 찾고 하늘 보며 고민한다

고향의 가을

파란 하늘 구름 높이 흩어지고
코스모스 그때처럼 한들한들 반겨준다
많지는 않아도 띄엄띄엄 핀 꽃들
그 옛날 학교 길 그대로 연상 되고
언덕배기 들국화 첫서리 기다린다

개울 건너편 콩밭 수수밭
아래쪽 무밭은 누구네 집 것일까
고추잠자리 꼬리 잡던 기억들
고추밭 고추 탐스럽게 열리고
돌 던져 울리던 허수아비 새롭다

가을 누나

누가 그러는데
니네 누나 그 아저씨와 만났데
소문 다 났어 본 사람이 있데
아니야 그럴 일 없어
우리 아버지한테 다리 부러지려고

시절의 저 건너편
그 시절의 아련한 기억들

사랑도 죄 몫에 속했던지라
끝내 속이고 속이려다
그것이 사실이었기에……

저출산(2014. 8. 기준)

인구 천 명당 여섯 명으로
태어나는 아이들

그럼 죽는 사람은
몇 명이나 될까

이유야 어떻게 됐든
원인이 무엇이든

다문화 2세들
보따리 준비하고

이 나라의 미래는……